Renate Achleitner
Anita Klampfer
Maria Weikinger

ganz klar

Mathematik 3

Das Ferienheft mit Erfolgsanzeiger

Jugend & Volk

ganz klar: Mathematik 3 – Das Ferienheft mit Erfolgsanzeiger

Mit dem Ferienheft gelingt mit Sicherheit ein guter Einstieg in die 4. Klasse! Täglich werden kurz und prägnant immer wieder in der gleichen Reihenfolge folgende Lerninhalte (1-10) der 3. Klasse thematisch geübt:

Nr.		Wesentliche mathematische Inhalte der 3. Klasse
1		Kopfrechnen
2		Maße
3		Rationale Zahlen
4		Prozentrechnung
5		Rechnen mit Termen
6		Körper
7		Zinsrechnung
8		Gleichungen
9		Umfang und Flächeninhalt von Figuren
10		Statistik

Alle Hilfestellungen zu den einzelnen mathematischen Themen findest du auf der Website:
www.ganzklar.at/fh3

Liebe Eltern!

Sie haben eine ausgezeichnete Wahl getroffen. Ihr Kind kann mit diesem Ferienheft in kurzer Zeit viel erreichen. Mit unserem wirksamen Erfolgskonzept ist es möglich, Grundkompetenzen zu üben oder falls nötig nochmals zu wiederholen.

Was erwartet Ihr Kind?
Übungsmaterial für mindestens 15 Tage, das durch **Rätselseiten** aufgelockert wird. Zur einfachen Kontrolle befindet sich in der Mitte des Ferienheftes ein **Lösungsheft zum Herausnehmen**. Ihr Kind und Sie können sich jederzeit über den Wissensstand mithilfe des **Erfolgsanzeigers** informieren. Dieser kann am Ende jeder Übungseinheit nach der Kontrolle mit dem Lösungsheft ausgefüllt werden. Falls Ihr Kind bei einzelnen Lerninhalten Hilfe benötigt, gibt es extra Hilfestellungen. Diese **Rettungsringseiten** können über einen **QR-Code** bzw. einen Link zu jedem Thema aufgerufen und bei Bedarf ausgedruckt werden. In den Rettungsringseiten befinden sich einfache Erklärungen und weitere Übungen.

Mit folgenden Inhalten gelingt mit Sicherheit ein guter Einstieg in die 4. Klasse:

Liebe Schülerin, lieber Schüler!

Mit diesem Heft hast du die Möglichkeit, mit wenig Zeitaufwand die Lerninhalte der 3. Klasse zu wiederholen. Nach dem Durcharbeiten des Ferienheftes wirst du optimal vorbereitet in die 4. Klasse starten.

In diesem Heft findest du:

- **Aufgabenseiten für 15 Übungseinheiten:** Löse die Aufgaben für jeweils einen Tag und schreibe die Lösungen in die Spalte „Deine Lösungen".
- **Lösungen:** Kontrolliere am Ende deiner Übungseinheit (ein Tag) deine Ergebnisse im Lösungsheft.
- **Erfolgsanzeiger:** Markiere im Erfolgsanzeiger deine gelösten Aufgaben, wenn du sie vollständig und richtig gelöst hast. Mithilfe des Erfolgsanzeigers kannst du erkennen, welche Themen du gut beherrschst und bei welchen Inhalten du noch Übungsbedarf hast.
- **Rettungsringseiten:** Wenn du zu einem Thema Hilfestellungen in Anspruch nehmen möchtest, findest du die jeweiligen Zusatzmaterialien über den QR-Code bzw. den Link (Seite 6).
- **Rätselseiten:** Mehrere Rätselseiten sollen dir Abwechslung beim Üben bieten.
- **Gewinnspiel:** Jedes Jahr verlost der Verlag Preise (Aktion gilt bis 15.09.2019). Bitte sende dazu eine E-Mail mit dem **Betreff** *„Das Ferienheft 3 – Gewinnspiel"* und einem Foto von deinem **Erfolgsanzeiger** bis 15.09. an: **service@westermanngruppe.at**
  (Die Gewinner werden schriftlich verständigt. Eine Bestellung ist nicht Bedingung für die Teilnahme am Gewinnspiel. Eine Barablöse ist nicht möglich. Der Rechtsweg ist ausgeschlossen.)

Ein erfolgreiches Arbeiten wünschen dir die Autorinnen!
Renate Achleitner, Anita Klampfer, Maria Weikinger

Übungsaufgaben

Erfolgsanzeiger

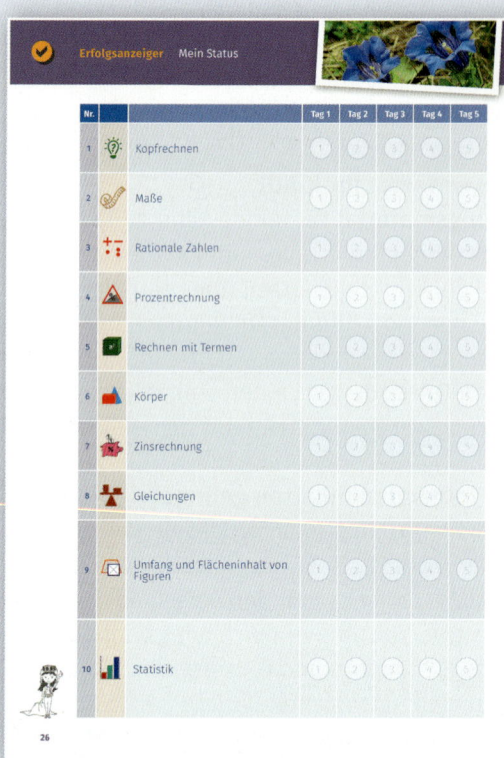

Rätselseiten

Rettungsringseiten

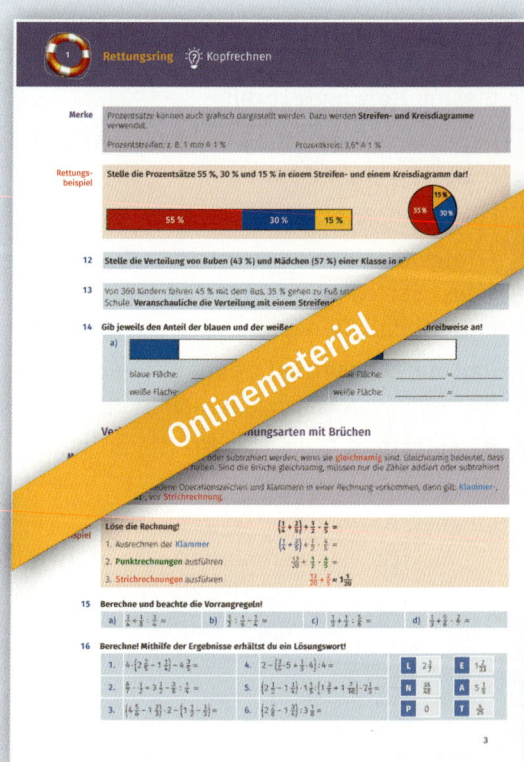

Anwendung des Erfolgsanzeigers

1. Durch das Vergleichen deiner Lösungen mit dem Lösungsheft kannst du den Erfolgsanzeiger vervollständigen. Nach jeweils 5 Tagen zeigen dir deine Markierungen im Erfolgsanzeiger, welche Themen du schon gut beherrschst und bei welchen du noch **Übungsbedarf** hast.

2. Folgende Hilfestellungen stehen dir u. a. auf den „Rettungsringseiten" online zur Verfügung:
   a) **Merkekästchen** zur Erklärung des Lerninhalts
   b) **Rettungsringbeispiel,** um dir einen möglichen Lösungsweg zu zeigen
   c) **Übungsaufgaben** mit Lösungen zum Ausdrucken

Diese Hilfestellungen findest du auf unserer Internetseite
www.ganzklar.at/fh3
oder über die **QR-Codes** bei den jeweiligen
Themen auf der Seite 6.

Mathi & Tik

Nr.		QR-Code	Wesentliche mathematische Inhalte der 3. Klasse	QR-Code
1			Kopfrechnen	▣
2		▣	Maße	
3			Rationale Zahlen	▣
4		▣	Prozentrechnung	
5			Rechnen mit Termen	▣
6		▣	Körper	
7			Zinsrechnung	▣
8		▣	Gleichungen	
9			Umfang und Flächeninhalt von Figuren	▣
10		▣	Statistik	

Alle Hilfestellungen zu den einzelnen mathematischen Themen findest du auf der Website:
www.ganzklar.at/fh3

Nr.		Aufgabe	Deine Lösungen
1		Notiere die Zahlen in Bruch-, Dezimalzahl- und Prozentschreibweise! a) $\frac{3}{4}$ = _____ = _____ b) _____ = 1,5 = _____	
2		Gib an, in welches Maß umgewandelt wurde! a) 4,5 m = 450 _____ b) 4,5 m² = 450 _____	
3		Beschrifte die Punkte A, C, E mit einer Bruchzahl und die Punkte B und D mit einer Dezimalzahl!	
4		Berechne! a) 30 % von 1200 kg = b) 90 % von 390 m =	
5		Welcher der folgenden Terme (a = 3) hat den Wert 5? A ☐ $\frac{5a + 4}{2a}$ B ☐ $\frac{4a + 3}{a}$ C ☐ $\frac{5a + 60}{3}$ D ☐ $\frac{2a \cdot 10}{2a}$	
6		Ein Würfel mit der Kantenlänge 3 cm wird in 2 gleich große Teilkörper zerlegt. **Wie groß ist das Volumen des gefärbten Teiles?**	
7		Ordne die Werte den passenden Begriffen der Zinsrechnung zu! 10 € 1000 € 1% Zinssatz _____ Kapital _____ Zinsen _____	
8		Wie lauten die Lösungen der Gleichungen? a) 7 + y = 20 b) 30 : x = 5	
9		Welche Fläche bildet die Grundfläche der abgebildeten Box?	
10		Aus insgesamt 6 Mio. Nachrichten auf sozialen Netzwerken wie facebook, twitter … wurde erhoben, in welchen Städten die meisten Selfies entstanden sind. London 14,05 % New York 11,62 % Amsterdam 9,82 % Barcelona 9,35 % Zeichne ein Stabdiagramm, wobei 1 % ≙ 1 mm!	

Aufgabe 3 Zahlenstrahl: A, B, C, D, E zwischen –2 und 2, F bei 2.

Erfolgskontrolle: Vergleiche mit dem Lösungsheft und vervollständige deinen Erfolgsanzeiger!

Nr.		Aufgabe	Deine Lösungen
1		Ein Krug mit 1 l Füllmenge ist zu 75 % mit Wasser gefüllt. **Welche Mengen entsprechen der Füllmenge? Kreuze an!** A ☐ 75 ml B ☐ $\frac{3}{4}$ l C ☐ 0,75 l D ☐ $\frac{1}{2}$ l E ☐ 750 ml	
2		Der Sturm hat im Garten einen Baum gefällt und Vater zersägt den 5,75 m langen Stamm in 25 cm breite Brennholzscheiben. **Wie viele Scheiben erhält er?**	
3		**Berechne und achte auf die Vorrangregeln!** a) $(-21) + (+63) : (-7) =$ b) $(+18) : (-9) - (-48) : (+8) + (-3) \cdot (-11) =$	
4		Österreichs größter See, der Neusiedler See, ist etwa 315 km² groß und liegt mit rund 230 km² zu 73 % in Österreich. **Gib die Zahlenbegriffe G, W und p % in dieser Aussage an!**	
5		**Gib das Produkt als Potenzterm an!** a) $3 \cdot 3 \cdot 3 \cdot 3 \cdot 3 =$ b) $a \cdot a \cdot x \cdot a \cdot x \cdot x \cdot a \cdot a \cdot a =$	
6		**Welche Eigenschaft trifft auf gerade Pyramiden nicht zu?** A ☐ spitzer Körper B ☐ Mantelfläche besteht aus Dreiecken C ☐ gleich lange Seitenkanten D ☐ Grund- und Deckfläche	
7		Noah hat mit einem Kapital von 3600 € ein Sparbuch eröffnet und erhält dafür im ersten Jahr 0,4 % Zinsen. **Wie viel € Zinsen erhält Noah vor Abzug der KESt.?**	
8		**Löse die beiden Gleichungen im Kopf!** a) $5x = 60$ b) $3x + 20 = 110$	
9		**Berechne den Flächeninhalt des abgebildeten Vierecks!**	
10		In Niederösterreich gibt es in 59 von 573 Gemeinden eine Bürgermeisterin. **Welches Diagramm stellt diese Verteilung in Niederösterreich richtig dar?**	

 Erfolgskontrolle: Vergleiche mit dem Lösungsheft und vervollständige deinen Erfolgsanzeiger!

Nr.		Aufgabe	Deine Lösungen
1		50 % der Kinder einer Klasse haben kein Haustier, 25 % haben eine Katze und 25 % haben einen Hund. **Stelle die Prozentsätze mithilfe eines Kreisdiagramms dar!**	
2		Der Boden im Bad (3,5 m x 2,2 m) wird mit 1 dm² großen Fliesen fugenlos verfliest. **Wie viele Fliesen werden benötigt?** Löse ohne Flächenberechnung!	
3		**Kreuze jene Rechnung an, die das größte Ergebnis hat!** A ☐ $(-5) \cdot (-2) + (-8) =$　　　B ☐ $9 + (-7) - (-10) =$ C ☐ $(-45) : 9 - (-3) =$　　　D ☐ $(-4) \cdot 3 + (-12) =$	
4		Janik berechnet den neuen Preis einer Ware: $100 \text{ €} \cdot 0{,}85 = \ldots$ **Was kann über den neuen Preis der Ware ausgesagt werden?** A ☐ Preiserhöhung um 15 %　　B ☐ Preisreduzierung um 15 %	
5		**Gib eine möglichst kurze Formel für die Berechnung des Umfangs der Figur an!** u = ...	
6		**Berechne das Volumen der Pyramide mit rechteckiger Grundfläche!** a = 5 cm　　b = 3 cm　　h = 6 cm	
7		David legt sein Geburtstagsgeld von 500 € zu 0,5 % für ein Jahr auf ein Sparbuch. **Wie viel € an Zinsen fallen in diesem Zeitraum an** (ohne Berücksichtigung der KESt.)?	
8		**Forme die Formel des Flächeninhalts eines allgemeinen Dreiecks so um, dass die Seite c berechnet werden kann!**　c = ? $A = \dfrac{c \cdot h_c}{2}$	
9		Dieses Verkehrszeichen ist oft in Norwegen zu sehen. Es hat eine Seitenlänge von 63 cm. a) **Welcher Dreiecksart kann es zugeordnet werden?** b) **Wie groß ist der Umfang das Verkehrszeichens?**	
10		Das sind die fünf Kinder der Familie Ludwig: ☐ 65 cm　☐ 1,20 m　☐ 1,65 m　☐ 90 cm　☐ 105 cm **Ordne A, B und C jeweils jenem Kind zu, dessen Körpergröße der statistischen Kenngröße entspricht!** A ... Minimum　　B ... Maximum　　C ... Median	

🔽 **Erfolgskontrolle:** Vergleiche mit dem Lösungsheft und vervollständige deinen Erfolgsanzeiger!

Nr.		Aufgabe	Deine Lösungen
1		a) $2\frac{3}{4} + 1\frac{1}{2} + \frac{3}{4} =$ b) $\left(\frac{1}{8} + \frac{2}{16}\right) \cdot 2 =$	
2		Gib an, welche der Maße $7\frac{3}{4}$ l ausdrücken! A ☐ 7750 ml B ☐ 7,705 l C ☐ 775 cl D ☐ 77,5 cl	
3		Berechne die Differenz der beiden Zahlen! a) (−78) und (−324) b) 840 und (−233)	
4		Berechne den gesuchten Wert! a) Von 24 Jugendlichen besitzen 18 ein Tablet. p % = ? b) 4 Katzen, das sind 80 % eines Wurfs, überlebten. G = ?	
5		Übersetze die Aufgabe in einen mathematischen Term! Im Cafe kostet ein Croissant 80 c, ein Schokocroissant 1,20 €. Samir und Luise kaufen 3 Croissants und 2 Schokocroissants.	
6		a) Wie heißt der abgebildete Körper? b) Wie viele Kanten hat dieser Körper?	
7		Berechne die Jahreszinsen vor Abzug der KESt.! a) 1200 € zu 0,2 % b) 5000 € zu 0,5 %	
8		Korrigiere eventuelle Fehler und gib die korrekten Lösungen an! a) 30 + x = 50 | + 30 b) 2b = 22 | · 2 x = 80 b = 44	
9		Die Allianz Arena in München wurde im Legoland Günzburg mit 5 m x 4,50 m Grundfläche und 1 m Höhe im Maßstab 1 : 50 mit mehr als 1 Mio. Legosteinen nachgebaut. a) Wie groß sind die Maße der Arena in Wirklichkeit? b) Wie groß ist die verbaute Grundfläche in München?	
10		Felix übt das Stapeln von Speed-Stack-Bechern. Beim Bauen von 6-er Türmen benötigt er folgende Zeiten: 4,12 s 4,71 s 4,33 s 4,56 s 3,76 s 3,4 s 3,5 s 4,56 s 3,18 s Bestimme den Modalwert m, den Zentralwert z sowie die Spannweite R!	

Nr.		Aufgabe	Deine Lösungen
1		**Berechne im Kopf!** a) $237\,000 : 10\,000 =$　　　　　b) $5,92 \cdot 100\,000 =$	
2		Beim Saftpressen wurde der Apfelsaft in 5-l-Packungen abgefüllt. Wie viele $\frac{1}{4}$-l-Gläser können mit einer Packung gefüllt werden?	
3		Lies die markierten Werte von der Zahlengeraden ab!	
4		Yanik kauft bei einem Großhändler einen Pullover zum Nettopreis von 57,50 €. **Wie viel muss er an der Kassa bezahlen, nachdem 20 % MwSt. dazugerechnet wurden?**	
5		Der Term wurde ausmultipliziert. **Welches Ergebnis ist richtig?** $$3(2x - 7) + (y + 5)y =$$ A ☐ $6x - 7 + y^2 + 5$　　B ☐ $6x - 21 + y^2 + 5y$　　C ☐ $5x - 21 + 5y^2$	
6		Berechne das Volumen des dreiseitigen Prismas mit einer Körperhöhe von 10 cm! Grundfläche: $a = 7$ cm　　$h_a = 3$ cm	
7		Die KESt. ist eine Steuer auf Guthabenzinsen und bedeutet: A ☐ Kommunalerhaltungssteuer　B ☐ Krediterbsteuer C ☐ Kapitalertragsteuer　　　　D ☐ Kapitalerhebungsteuer	
8		Luise ist 3 Jahre älter als ihre Schwester Viola. Zusammen sind sie 23 Jahre alt. **Stelle eine Gleichung auf und berechne, wie alt die beiden Schwestern sind!**	
9		Der Umfang des Parallelogramms beträgt 10,6 cm. a) **Wie lang ist die Seite b?** b) **Berechne den Flächeninhalt des Vierecks!**　　1,5 cm　　b　　3,5 cm	
10		Die Datenmenge zeigt die Körpergröße von sechs Freundinnen. 157 cm　154 cm　163 cm　160 cm　162 cm　158 cm a) **Berechne die durchschnittliche Größe der Mädchen!** b) **Wie viele Mädchen sind größer als der arithmetische Mittelwert?** c) **Wie heißt das Minimum dieser Datenmenge?**	

　✔ **Erfolgskontrolle:** Vergleiche mit dem Lösungsheft und vervollständige deinen Erfolgsanzeiger!

Fehlersuchbild

Finde die 10 Unterschiede in den Bildern!

Nr.	Aufgabe	Deine Lösungen
1	**Berechne!** a) $\frac{2}{5}$ von 60 Bäumen = $\quad$ b) $\frac{3}{4}$ von 1000 Kindern =	
2	Eine Dosis Hustensaft für ein Kind umfasst 5 ml. **Wie oft kann diese Menge aus einer Hustensaftflasche mit 0,2 l abgemessen werden?**	
3	Am Boden klebt eine Zahlengerade (Einheit = 1 Schritt). Mark steht bei der Ziffer Null. Er geht 4 Schritte nach rechts, dann 7 Schritte nach links, dann 2 Schritte Richtung Null. **Bei welcher Zahl steht er?**	
4	**Was kostet das Produkt inklusive der Mehrwertsteuer?** a) Buch (MwSt.: 10 %): 18 € ohne MwSt. b) Fahrrad (MwSt.: 20 %): 350 € ohne MwSt.	
5	**Multipliziere die Terme!** a) $5x \cdot 4x =$ $\quad$ b) $3x \cdot 4y =$ $\quad$ c) $2a \cdot 7b \cdot 3c =$	
6	Eine Torte besteht aus einem Quader und einem Würfel. **Gib eine Formel zur Berechnung des Volumens an!** Von oben: $\quad$ Von vorne: x $\quad$ x $\quad$ x x $\quad$ 2x $\quad$ x 2x	
7	Mit welcher Multiplikation kann die Höhe der anfallenden KESt. berechnet werden? (Z = Zinsen) A ☐ $Z \cdot 1{,}25$ $\quad$ B ☐ $Z \cdot 0{,}25$ $\quad$ C ☐ $Z \cdot 0{,}75$ $\quad$ D ☐ $Z \cdot 1{,}75$	
8	**Übersetze in eine Gleichung und löse diese!** Zu welcher Zahl muss man 15 addieren, um 37 zu erhalten?	
9	Eine Landkarte wurde im abgebildeten Maßstab gezeichnet. **Was bedeutet das für die Berechnung einer Wegstrecke?** A ☐ 1 cm ≙ 30 km B ☐ 1 cm ≙ 300 m C ☐ 1 cm ≙ 3 km D ☐ 1 cm ≙ 3000 m Maßstab am Papier **1 : 300 000** Kitzbühel Kirchberg i.T.	
10	24 Schülerinnen und Schüler müssen sich auf der Sportwoche für eine von drei Sportarten entscheiden. **Wie viele haben die Sportart Segeln gewählt? Zeichne den fehlenden Balken in das Diagramm ein!** 12 10 8 6 4 2 0 Kanu $\quad$ Raften $\quad$ Segeln	

14

✓ **Erfolgskontrolle:** Vergleiche mit dem Lösungsheft und vervollständige deinen Erfolgsanzeiger!

Nr.		Aufgabe	Deine Lösungen
1		**Gib den Anteil der gefärbten Fläche in Prozentschreibweise an!** a) ⊘ = b) ⬠ =	
2		**Gib in a an!** a) 374 m² = b) 3 km² =	
3		**Berechne das Produkt!** Tipp: Berechne zuerst Produkte, die ganze Einer-, Zehner- oder Hunderterzahlen ergeben! a) $25 \cdot (-3{,}5) \cdot (-4) =$ b) $(-2) \cdot (-500) \cdot 7 =$	
4		**Notiere in Prozentschreibweise!** a) 6 h von 24 h b) 125 m von 1 km	
5		**In der Klettergruppe gibt es zwei Mal so viele Mädchen wie Buben. Welche Aussage ist richtig?** A ☐ Die Hälfte sind Mädchen. B ☐ Ein Drittel sind Buben.	
6		**Welches Volumen passt zur abgebildeten Pyramide a = 7 cm, h_k = 6 cm?** A ☐ ≈ 1 l B ☐ 9,8 dm³ C ☐ 98 cm³	
7		**Die Einnahmen von 5770 € eines Sportfestes sollen vom 5. September bis zum 23. Dezember zu 0,15 % verzinst werden.** **Berechne die Höhe der Zinsen vor Abzug der KESt.!**	
8		**Löse die Gleichungen!** a) $3 + 4y = 17$ b) $40 + b : 2 = 50$	
9		Während großer Wettbewerbe kaufen oder nähen sich viele Österreicherinnen und Österreicher Fanbekleidung. a) Wie groß ist der Flächeninhalt des abgebildeten Überwurfs bei einer Größe von 1,40 m x 1,10 m? b) Wie lange muss das Band zum Umfassen des Überwurfes mindestens sein?	
10		**Fülle die Tabelle korrekt aus!** Runde auf Hundertstel!	

Klasse	Strichliste	absolute Häufigkeit	relative Häufigkeit	prozentuelle Häufigkeit
0 h – 2 h	ⅢⅡ	7		
3 h – 5 h	Ⅲ	3		
6 h – 8 h	Ⅲ	5		
		15		

 Erfolgskontrolle: Vergleiche mit dem Lösungsheft und vervollständige deinen Erfolgsanzeiger!

Nr.		Aufgabe	Deine Lösungen
1		Die Ostalpen bedecken einen großen Teil von Österreichs Gesamtfläche. **Lies den Prozentsatz der Ostalpen ab!**	

Ostalpen	andere

2 Wie viel fehlt jeweils auf 1 m³?
a) 358,5 dm³
b) 799 800 cm³

3 Welches Vorzeichen muss die rechte Zahl jeweils haben, damit die Ungleichung stimmt?
a) 3,5 < ☐ 3,7   b) –2,8 > ☐ 3,1   c) 1,7 > ☐ 5,4

4 Anna erhält beim Barkauf eines Fernsehers (499 €) 2 % Skonto. **Wie lautet die Rechnung mit Prozentfaktor für den zu bezahlenden Betrag?**
A ☐ 499 · 1,02 B ☐ 499 · 1,2 C ☐ 499 · 0,98 D ☐ 499 · 0,8

5 Hebe so viele Zahlen und Variablen wie möglich als Produkt aus dem Term heraus!
a) 8ab – 2ac =   b) 3xyz + 15yz =

6 Die abgebildete Pyramide hat folgende Maße:
a = 6,8 cm und h = 7,2 cm
Berechne das Volumen dieser Pyramide! Runde auf cm³!

7 Moritz hat für sein angespartes Geld von der Bank im letzten Jahr 32,80 € Zinsen erhalten. **Wie viel Euro werden davon noch für die Kapitalertragsteuer abgezogen?**

8 Löse die Gleichung und kontrolliere mit der Probe!
12x – 14 = 2(x + 3)

9 Im Garten der Familie Bralli ist ein Sonnensegel gespannt.
Das Segel hat die Form eines rechtwinkligen Dreiecks mit den Maßen 1,8 m, 2,4 m und 3 m.
Wie groß ist die Stofffläche des Sonnensegels?

10 In einem Kiosk wird notiert, wie viel Eis jeder Sorte täglich verkauft wird. **Gib die Häufigkeiten an!**

Eissorte	absolute H.	relative H.	prozentuelle H.
Twinni	5		
Magnum	25		
Calippo	20		
	50	1	100 %

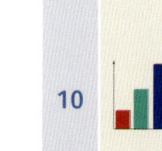

Erfolgskontrolle: Vergleiche mit dem Lösungsheft und vervollständige deinen Erfolgsanzeiger!

Nr.		Aufgabe	Deine Lösungen
1		**Löse die Aufgaben im Kopf!** a) 4,50 € · 6 = b) 1,50 € · 4 + 3,20 € · 2 =	
2		**Wandle in das nächstkleinere Maß um!** a) 34 m² = _____ b) 5,8 km = _____ c) 0,6 dm³ = _____	
3		**Welches Ergebnis ist das richtige?** $(-12) + (-9) - (-3) \cdot (-2) + 5 =$ A ☐ −22 B ☐ 22 C ☐ −10 D ☐ 10	
4		Die Wanderschuhe kosten 120 € und werden nun um 15 % verbilligt. **Welcher Wert ist hier nicht angeführt?** A ☐ Grundwert B ☐ Prozentwert C ☐ Prozentsatz	
5		**Berechne den Wert des Terms, wenn x = 4!** a) 4x + 9 = b) 12 − 3x = c) 9x − 5 =	
6		Eine quaderförmige Milchpackung hat ein Volumen von 1 l und eine quadratische Grundfläche von 50 cm². **Wie hoch steht die Milch in einer vollen Milchpackung?**	
7		Frau Lena nimmt einen Kredit über 4000 € für einen Zeitraum von 5 Monaten zu einem Zinssatz von 3 % auf. **Wie viel € an Zinsen muss sie für den Kredit an die Bank zahlen?**	
8		**Löse die Gleichungen!** a) 15 − 2x = 9 b) 3x + 7 = 22	
9		Auf ein rechteckiges Grundstück mit den Maßen 20 m x 30 m wird ein Haus gebaut. Das Baugesetz besagt, dass $\frac{1}{3}$ der Grundstücksfläche bebaut werden darf. **Wie viel m² des Grundstücks dürfen bebaut werden?**	
10		Der arithmetische Mittelwert von drei Rechnungsbeträgen für einen Wocheneinkauf an Lebensmitteln beträgt 100 €. **Wie lautet der Betrag der fehlenden dritten Rechnung?**	150 Euro 90 Euro

 Erfolgskontrolle: Vergleiche mit dem Lösungsheft und vervollständige deinen Erfolgsanzeiger!

Nr.	Aufgabe	Deine Lösungen
1	**Berechne im Kopf!** a) $(14,5 + 27) \cdot 3 =$ b) $243,4 - 130 : 2 =$	
2	Die Wasseruhr zeigt einen Verbrauch von 25 m³ Wasser an. **Wie viel Liter Wasser wurden verbraucht?**	
3	**Kreuze an, welcher Term veranschaulicht wurde!** A ☐ $(-3) + (+5)$ B ☐ $(+5) - (-3)$	
4	Roberto will in seinem Laden ein Mountainbike verkaufen. **Wie hoch ist der Ladenpreis inkl. 20 % MWSt., wenn der Nettopreis 475 € beträgt?**	
5	**Welcher Lösungsterm ist nicht $-x + 9y$? Berechne!** A ☐ $2,5x + 7,5y - 3,5x + 1,5y =$ B ☐ $-x + 16,3y - 8,3y =$ C ☐ $-5,7x + 11,3y + 1,7x - 2,3y + 3x =$	
6	**Ordne die passenden Volumsformeln einem Körper zu!** A) $V = G \cdot h$ B) $V = \frac{4G \cdot h}{3}$ C) $V = \frac{G \cdot h}{3}$ D) $V = G \cdot h : 3$ (1) Pyramide (2) Quader	
7	**Wie viel KESt. hat Lara im vergangenen Jahr von ihren Zinsen abgezogen bekommen, wenn sie 2340 € zu 0,5 % verzinst hat?**	
8	Der Eiffelturm (E), der Donauturm (D) und das Riesenrad (R) sind zusammen 633 m hoch. E ist 72 m höher als D und R ist 195 m niedriger als D. **Berechne die Höhe der drei Bauten!**	
9	a) Berechne die Größe der trapezförmigen Balkonfläche h = 1,8 m, a = 4,4 m, c = 2,8 m! b) Forme die Formel des berechneten Flächeninhaltes so um, dass die Höhe des Trapezes errechnet werden könnte!	
10	a) Um wie viel € ist der Durchschnittspreis der Fahrräder von 2012–2016 ca. gefallen? b) Um wie viel Prozent stieg der Verkauf von Fahrrädern von 2015 auf 2016?	

Fahrradverkauf

Fahrräder verkauft — Durchschnittspreis/Rad

■ Fahrräder verkauft   ● Durchschnittspreis in €

✔ **Erfolgskontrolle:** Vergleiche mit dem Lösungsheft und vervollständige deinen Erfolgsanzeiger!

MATHE-MANDALA

Mandala-Bilder sind geometrische Motive, die auf ein Zentrum ausgerichtet sind. Sie werden heute gerne zum Zeitvertreib als Ausmalbilder verwendet und sind derzeit bei Kindern und Erwachsenen sehr beliebt.

Löse die Aufgaben und bemale das Mandala anschließend mit den Farben der Ergebnisse!

hellbraun: Die gesuchte Lösungszahl ist eine Ziffer. Will man die Teilbarkeit einer Zahl durch die gesuchte Ziffer überprüfen, berechnet man, ob die Ziffernsumme der Zahl durch die gesuchte Ziffer ohne Rest teilbar ist.   Lösung: ____

gelb: $60 : (-12) =$ Lösung: ____

weinrot: Subtrahiere 20 vom Doppelten der Zahl 4!   Lösung: ____

orange: Ein Rechteck hat einen Flächeninhalt von 16 cm². Die Länge des Rechtecks beträgt 8 cm. Gesucht ist die Breite!   Lösung: ____

dunkelbraun: $2x = -8$ Lösung: ____

rot: Der Durchschnitt (arithmetischer Mittelwert) der Zahlen 12, 7 und 5!   Lösung: ____

blau: $(-3) \cdot (+11) =$ Lösung: ____

lila: Die gesuchte Zahl ist eine Primzahl. Sie ist größer als 5 und kleiner als 11.   Lösung: ____

Male alle freien Felder in verschiedenen Grüntönen an!

Viel Spaß!

Nr.		Aufgabe	Deine Lösungen
1		**Berechne im Kopf!** a) $\frac{1}{4} + 0{,}5 + 1\frac{1}{2} + \frac{5}{4} =$ b) $\frac{3}{10} + 0{,}8 + \frac{3}{4} + \frac{15}{100} =$	
2		Manuel ist Landwirt und besitzt 123 ha Wald. **Welche Maßangaben entsprechen der Waldfläche Manuels?** A ☐ 123 000 m² B ☐ 12 300 a C ☐ 1,23 km² D ☐ 1230 cm²	
3		**Multipliziere die Differenz aus den Zahlen –28 und –12 mit der Zahl 5!** Schreibe die Rechnung an!	
4		Teresa hat bei der letzten Schularbeit 48 von 56 Punkten erreicht. **Wie viel Prozent hat Teresa geschafft?** Runde auf ganze Prozent!	
5		**Stelle zu jeder Aussage einen Term auf!** a) Das Vierfache einer Zahl wird von 78 subtrahiert. b) Multipliziere zwei Drittel einer Zahl mit 1,5.	
6		Berechne das Volumen des zusammengesetzten Körpers! a = 6 cm h = 4 cm	
7		Herr Schwack hat sein Gehaltskonto für 8 Tage um 750 € überzogen. Dafür berechnet ihm die Bank 12,5 % Zinsen. **Wie viel € Überziehungszinsen bezahlt Herr Schwack?**	
8		Forme die Formel $A = \frac{e \cdot f}{2}$ für das Deltoid so um, dass die Länge f der Diagonale berechnet werden kann!	
9		Veronika soll das gegebene Grundstück maßstabsgetreu in ihr Mathematikheft zeichnen. **Welcher Maßstab ist dafür sinnvoll zu wählen?** A ☐ M 1 : 100 B ☐ M 1 : 500 C ☐ M 1 : 5000 D ☐ M 1 : 10 000	
10		**Was gibt die Spannweite in einer statistischen Untersuchung an? Kreuze an!** A ☐ Sie gibt den kleinsten Wert einer Datenmenge an. B ☐ Sie teilt Daten in gleich große Klassen ein. C ☐ Sie gibt den Unterschied zwischen Minimum und Maximum einer Datenmenge an.	

✅ **Erfolgskontrolle:** Vergleiche mit dem Lösungsheft und vervollständige deinen Erfolgsanzeiger!

Nr.	Aufgabe	Deine Lösungen

1 💡 Vervollständige die Tabelle!

a)	45 %		
b)		0,3	
c)			$\frac{3}{4}$

2 📏 Das Wohnmobil hat eine Länge von 6,95 m. Der Fahrradträger an der Kofferraumtür hat noch eine zusätzliche Breite von 48 cm.

Wie lange ist das Wohnmobil inklusive Fahrradträger?

3 Welche Zahl ist auf der Zahlengeraden nicht markiert?

A ☐ –40   B ☐ –15

C ☐ –5   D ☐ –20

4 50 % einer Kindergruppe machen einen Ausflug, 25 % basteln und die restlichen der insgesamt 24 Kinder spielen Theater.

Wie viele Kinder spielen Theater?

5 a) **Multipliziere aus!** $3(2x - 4) =$

b) **Hebe einen gemeinsamen Faktor heraus!** $15x + 9y =$

6 Für eine pyramidenförmige Kerze wird 200 g Wachs benötigt.

Wie viel Wachs braucht man für eine Kerze, welche die gleiche Grundfläche und gleiche Höhe hat, aber quaderförmig ist?

7 Für ein Kapital von 10 000 € erhält der Sparer nach einem Jahr 5 € an Zinsen. **Welcher Wert der Zinsrechnung fehlt hier?**

A ☐ Kapital   B ☐ Laufzeit   C ☐ Zinsen   D ☐ Zinssatz

8 Welche beiden Gleichungen haben die gleiche Lösung?

A ☐ $2x - 4 = x + 5$ B ☐ $4 - 3x = 2x - 16$

C ☐ $12 + x = 3x + 4$ D ☐ $5x - 7 = 7 + 3x$

9 Der Flächeninhalt eines rechtwinkligen Dreiecks beträgt 12 cm².

Wie lange können die Seiten a und b des Dreiecks sein?

Findest du mindestens zwei verschiedene Lösungsmöglichkeiten?

10 Entscheide jeweils, ob die Aussage zum Diagramm passt (ja) oder nicht (nein)!

A   Lila + Blau > Grün

B   Rot > Blau

C   Grün < Rot + Blau

D   Grün + Lila = Rot + Blau

Nr.		Aufgabe	Deine Lösungen
1		Korrigiere eventuelle Fehler! a) $\frac{1}{3} = 3{,}3 = 33{,}3\ \%$ b) $\frac{2}{3} = 0{,}625 = 62{,}5\ \%$	
2		In einem Vorgarten mit 35 m² und im Garten mit 15 a hinter dem Haus soll Rasen verlegt werden. Wie viel m² Rollrasen müssen gekauft werden?	
3		a) Dividiere die Differenz von 20 und (−8) durch (−4)! b) Multipliziere (−9) mit (−4) und addiere zum Produkt (−12)!	
4		Notiere den Prozentfaktor der angegebenen Prozentwerte! a) 80 % b) 120 % c) 12 %	
5		Löse die Klammern durch Multiplizieren auf! a) $3m(5m - 7) =$ b) $3x^2(x^2 - 2x + 2) =$	
6		Wie groß ist der Unterschied der Volumen zweier trapezförmiger Prismen mit $h_k = 1{,}2$ m? K_1: $h_a = 80$ cm, $a = 50$ cm, $c = 30$ cm; K_2: $h_a = 1{,}2$ m, $a = 60$ cm, $c = 30$ cm	
7		Sarahs Geld auf ihrem Sparbuch wird mit 0,25 % verzinst. **Mit welchen Formeln können die Zinsen berechnet werden?** A ☐ $Z = K \cdot \frac{p}{100}$ B ☐ $Z = \frac{p \cdot 100}{K}$ C ☐ $Z = \frac{K \cdot p}{100}$ D ☐ $Z = K \cdot \frac{100}{p}$	
8		Forme die physikalischen Formeln so um, dass die gesuchten Größen berechnet werden können! a) Weg: $s = v \cdot t$, $t = ?$ b) elektr. Widerstand: $R = \frac{U}{I}$, $U = ?$	
9		Berechne den Flächeninhalt des hinteren Segels (rechtwinkliges Dreieck), wenn die Länge $l = 1{,}2$ m und die Breite $b = 5{,}1$ m beträgt!	
10		29 Jugendliche wurden befragt, ob sie Tageszeitungen lesen. a) Kann berechnet werden, wie viele Mädchen Zeitung lesen? b) Stimmt es, dass mehr als die Hälfte der Jungen Zeitung liest? Lest ihr täglich Zeitung? ■ Gesamt ■ Jungen ■ Mädchen	

Erfolgskontrolle: Vergleiche mit dem Lösungsheft und vervollständige deinen Erfolgsanzeiger!

Nr.		Aufgabe	Deine Lösungen
1		Gib die Brüche in Dezimalzahlen und Prozent an! a) $\frac{3}{25} =$ \qquad b) $\frac{4}{5} =$ \qquad c) $\frac{11}{20} =$	
2		Matthias befüllt das Planschbecken für seine Schwester zur Hälfte mit Wasser. **Wie viele 5-l-Kübel muss er tragen, wenn das Becken ein Gesamtvolumen von 0,14 m³ hat?**	
3		Trage die folgenden Werte in die Zahlengerade ein! A = −1,5 \quad B = −0,75 \quad C = 0,25	
4		Bei einem Berglauf nahmen 35 Kinder teil. Das entspricht 28 % aller Teilnehmerinnen und Teilnehmer. **Wie viele Personen nahmen am Berglauf insgesamt teil?**	
5		Welchen Wert muss man für die Variable b einsetzen, damit der Term 3(b + 2) − 4(8 + 5b) den Wert 8 hat?	
6		Das Volumen einer Pyramide entspricht _____ des Volumens eines Quaders mit gleicher Grundfläche und gleicher Körperhöhe. A ☐ einem Drittel \quad B ☐ einem Viertel \quad C ☐ zwei Drittel	
7		Melissa legt ihr erspartes Geld auf ein Sparbuch und erhält bei der Bank für ihre 4360 € pro Jahr 0,25 % Zinsen. **Wie viel Euro Zinsen erhält sie nach Abzug der KESt.?**	
8		Überprüfe mit der Probe, welche der Lösungen für diese Gleichung richtig ist! \quad 5x + 7 = 8x − 20 A ☐ x = 1 \quad B ☐ x = 4 \quad C ☐ x = 15 \quad D ☐ x = 9	
9		Wie hoch ist das gegebene Dreieck, wenn es einen Flächeninhalt von 22,5 cm² hat?	
10		Österreich hat eine Gesamt-fläche von 83 879 km². Tirol hat davon einen Anteil von 12 640 km². Das Diagramm zeigt die Verteilung aller Bundesländer. **Trage den Anteil Tirols ein!**	

Nr.		Aufgabe	Deine Lösungen
1		**Löse die Rechnungen im Kopf!** a) $4 \cdot 5 + 3 \cdot 9 + 9 \cdot 6 =$ b) $7 \cdot 8 + 3 \cdot 5 - 4 \cdot 6 =$	
2		**Wandle in das nächstgrößere Maß um!** a) $2,3$ cm² = _____ b) 7 mm = _____ c) 9100 dm³ = _____	
3		a) b) c) a) $+$: −6, 7, −2 b) $-$: −8, −9, 4 c) $\cdot$: −2, 4, −5	
4		**Im Abverkauf werden die Waren in einem Shop um 25 % reduziert.** **Berechne den ursprünglichen Preis der Ware!** Verbilligter Preis: a) Flip-Flops: 12 € b) Bikini: 48 €	
5		**Vereinfache die Terme so weit als möglich!** a) $4x + 5 - 3x + 7 + 12x =$ b) $2x^2 + x + 5x^3 - x^2 + 5x + 3x^3 =$	
6		**Welche der Eigenschaften trifft auf eine dreiseitige Pyramide nicht zu?** A ☐ 6 Kanten B ☐ 4 Flächen C ☐ Dreieck als Grundfläche D ☐ 5 Ecken	
7		Ein Kapital von 1000 € wird mit einem Zinssatz von 1 % für ein Jahr veranlagt. **Wie hoch ist der gesamte Auszahlungsbetrag (K + Z), wenn die KESt. noch abgezogen wird?**	
8		**Wie lautet die Lösung der Gleichung? Kreuze an!** $$5x - 2 = 2x - 17$$ A ☐ −5 B ☐ 3 C ☐ −10 D ☐ 8	
9		Die Seitenlänge und eine Höhe eines Parallelogramms sind gegeben: $a = 8$ cm $b = 5,6$ cm $h_a = 5$ cm **Berechne den Umfang und den Flächeninhalt des Parallelogramms!**	
10		Die Umfrage zu den beliebtesten Eissorten einer Klasse hat folgendes Ergebnis gebracht:	

	absolute H.	relative H.	prozentuelle H.
Erdbeer	6		
Vanille	4		
Schoko	10		

Berechne die relativen und prozentuellen Häufigkeiten!

 Erfolgskontrolle: Vergleiche mit dem Lösungsheft und vervollständige deinen Erfolgsanzeiger!

Größer als … – kleiner als …

Setze in die Tabelle Zahlen von 1 bis 6 so ein, dass gleichzeitig alle angegebenen Ungleichheiten stimmen!

Zur Erinnerung:
„a > b" → „a ist größer als b"
„a < b" → „a ist kleiner als b"

	<		<		<		<		>	
^		^		v		^		=		v
	>		=		<		=		>	
^		v		v		v		v		v
	>		>		<	2	<		>	
^		^		^		^		v		v
	>		>		>		<		>	
v		v		^		^		v		v
	<		<	5	<		>		>	
v		v		^		v		v		^
	>		<		>		<		=	

Suchrätsel
Suche die angegebenen mathematischen Begriffe!

F	O	R	P	W	W	E	S	X	P	X	G	C	A	O	E	V	E	P	H	W	W	A	H	M
R	F	S	B	H	L	R	G	G	Y	F	B	G	N	R	A	P	W	R	A	T	T	I	W	L
L	T	U	V	O	B	E	R	F	L	A	E	C	H	E	P	A	V	O	S	A	Z	R	G	N
U	X	N	J	Q	L	N	D	Y	C	F	K	L	I	C	L	R	G	Z	I	S	G	E	D	O
H	Q	U	A	D	R	I	E	R	E	N	R	P	N	H	F	A	T	E	C	C	E	Z	V	V
V	K	C	H	K	F	D	C	T	Q	I	U	R	C	E	C	L	I	N	Y	H	Y	D	F	O
T	R	F	R	F	P	R	O	P	O	R	T	I	O	N	A	L	I	T	A	E	T	F	M	K
R	J	P	E	G	W	A	E	A	G	M	J	S	L	G	F	E	N	W	W	N	X	B	L	A
A	L	B	S	U	D	U	Y	M	M	J	I	M	M	E	A	L	T	E	A	R	B	R	F	I
P	R	O	Z	E	N	T	S	A	T	Z	W	E	H	S	L	O	W	R	E	E	Y	U	P	N
E	F	A	I	G	M	E	M	F	Z	A	E	N	N	E	O	G	M	T	I	C	R	E	T	X
Z	N	H	N	I	N	M	K	P	C	B	A	I	Q	T	E	R	M	U	P	H	Z	C	U	E
S	M	I	S	T	R	A	H	L	E	N	S	A	T	Z	Y	A	U	H	N	N	B	H	U	S
H	E	M	E	S	V	N	S	A	I	N	D	S	X	E	O	M	W	D	R	E	I	E	C	K
M	Z	I	N	S	R	E	C	H	N	U	N	G	A	C	R	M	S	T	B	R	M	Q	C	E

BRUECHE	PROPORTIONALITAET	STRAHLENSATZ
DREIECK	PROZENTSATZ	TASCHENRECHNER
JAHRESZINSEN	PROZENTWERT	TERM
OBERFLAECHE	QUADRIEREN	TRAPEZ
PARALLELOGRAMM	RAUTE	ZINSRECHNUNG
PRISMEN	RECHENGESETZE	

Nr.			Tag 1	Tag 2	Tag 3	Tag 4	Tag 5
1		Kopfrechnen	1	2	3	4	5
2		Maße	1	2	3	4	5
3		Rationale Zahlen	1	2	3	4	5
4		Prozentrechnung	1	2	3	4	5
5		Rechnen mit Termen	1	2	3	4	5
6		Körper	1	2	3	4	5
7		Zinsrechnung	1	2	3	4	5
8		Gleichungen	1	2	3	4	5
9		Umfang und Flächeninhalt von Figuren	1	2	3	4	5
10		Statistik	1	2	3	4	5

Tag 6	Tag 7	Tag 8	Tag 9	Tag 10	Tag 11	Tag 12	Tag 13	Tag 14	Tag 15	Fertig!
6	7	8	9	10	11	12	13	14	15	✓
6	7	8	9	10	11	12	13	14	15	✓
6	7	8	9	10	11	12	13	14	15	✓
6	7	8	9	10	11	12	13	14	15	✓
6	7	8	9	10	11	12	13	14	15	✓
6	7	8	9	10	11	12	13	14	15	✓
6	7	8	9	10	11	12	13	14	15	✓
6	7	8	9	10	11	12	13	14	15	✓
6	7	8	9	10	11	12	13	14	15	✓
6	7	8	9	10	11	12	13	14	15	✓

Lösung Rätsel von Seite 13

Lösung Rätsel von Seite 19

Lösung Rätsel von Seite 25

1	<	2	<	4	<	5	<	6	>	5
^		^		v		^		=		v
4	>	3	=	3	<	6	=	6	>	4
^		v		v		v		v		v
5	>	2	>	1	<	2	<	5	>	3
^		^		^		^		v		^
6	>	5	>	4	>	3	<	4	>	2
v		v				^		v		v
3	<	4	<	5	<	6	>	3	>	1
v		v		^				v		^
2	>	1	<	6	>	1	<	2	=	2

```
F O R P W W E S X P X G C A O E V E P H W W A H M
R F S B H L R G G Y F B G N R A P W R A T T I W L
L T U V O B E R F L A E C H E P A V O S A Z R G N
U X N J Q L N D Y C F K L I C L R G Z I S G E D O
H Q U A D R I E R E N R P N H F A T E C C E Z V V
V K C H K F D C T Q I U R C E C L I N Y H Y D F O
T R F R F P R O P O R T I O N A L I T A E T F M K
R J P E G W A E A G M J S L G F E N W W N X B L A
A L B S U D U Y M M J I M M E A L T E A R B R F I
P R O Z E N T S A T Z W E H S L O W R E E Y U P N
E F A I G M E M F Z A E N N E O G M T I C R E T X
Z N H N I N M K P C B A I Q T E R M U P H Z C U E
S M I S T R A H L E N S A T Z Y A U H N N B H U S
H E M E S V N S A I N D S X E O M W D R E I E C K
M Z I N S R E C H N U N G A C R M S T B R M Q C E
```

Das Ferienheft
mit Erfolgsanzeiger
ganz klar: Mathematik 3
Lösungen

Nr.		Tag 1	Tag 2	Tag 3	Tag 4	Tag 5
1		a) $0,75 = 75\ \%$ b) $1\frac{1}{2} = 150\ \%$	B, C, E		a) 5 b) $\frac{1}{2}$	a) 23,7 b) 592 000
2		a) cm b) dm²	23 Scheiben	770 Fliesen	A, C	20 Gläser
3		$A = -2\frac{2}{5}$ $B = -1,6$ $C = -\frac{1}{2}$ $D = -0,2$ $E = \frac{3}{5}$	a) -30 b) +37	B	a) 246 b) 1073	$A = -14$ $B = -8$ $C = +2$
4		a) 360 kg b) 351 m	$G = 315\ km^2$ $W = 230\ km^2$ $p\ \% = 73\ \%$	B	a) $p\ \% = 75\ \%$ b) $G = 5$ Katzen	69 €
5		B	a) 3^5 b) $a^6 \cdot x^3$	$u = 4a + 4b$	$3 \cdot 0,80\ € +$ $2 \cdot 1,20\ €$	B
6		$V = 13,5\ cm^3$	D	$V = 30\ cm^3$	a) quadratische Pyramide b) 8 Kanten	$V = 105\ cm^3$
7		Zinssatz: 1 % Kapital: 1000 € Zinsen: 10 €	14,40 €	2,50 €	a) 2,40 € b) 25 €	C
8		a) $y = 13$ b) $x = 6$	a) $x = 12$ b) $x = 30$	$c = \frac{2A}{h_c}$	a) $\| -30, \quad x = 20$ b) $\| : 2, \quad b = 11$	$(x + 3) + x = 23$ Viola = 10 Jahre Luise = 13 Jahre
9		regelmäßiges Achteck	$A = 39\ cm^2$	a) gleichseitiges Dreieck b) $u = 189\ cm$	a) 250 m x 225 m, h = 50 m b) $A = 56\ 250\ m^2$	a) $b = 1,8\ cm$ b) $A = 5,25\ cm^2$
10		%↑ 10% London New York Amsterdam Barcelona Städte	B	A ... 65 cm B ... 1,65 m C ... 105 cm	m = 4,56 s z = 4,12 s R = 1,53 s	a) 159 cm b) 3 Mädchen c) 154 cm

Nr.		Tag 6	Tag 7	Tag 8	Tag 9	Tag 10
1		a) 24 Bäume b) 750 Kinder	a) 12,5 % b) 60 %	63 %	a) 27 € b) 12,40 €	a) 124,5 b) 178,4
2		40 Mal	a) 3,74 a b) 30 000 a	a) 641,5 dm³ b) 200 200 cm³	a) 3400 dm² b) 5800 m c) 600 cm³	25 000 l
3		–1	a) 350 b) 7000	a) + b) – c) –	A	A
4		a) 19,80 € b) 420 €	a) 25 % b) 12,5 %	C	B	570 €
5		a) 20x² b) 12xy c) 42abc	B	a) 2a(4b – c) b) 3yz(x + 5)	a) 25 b) 0 c) 31	B
6		V = 5x³	C	V = 111 cm³	h = 20 cm	(1) C, D (2) A
7		B	Z = 2,62 €	8,20 €	50 €	KESt. = 2,93 €
8		x + 15 = 37 x = 22	a) y = 3,5 b) b = 20	x = 2 Probe: 10 = 10 ✓	a) x = 3 b) x = 5	E = 324 m D = 252 m R = 57 m
9		C, D	a) A = 1,54 m² b) mind. 5 m	A = 2,16 m²	A = 200 m²	a) A = 6,48 m² b) $h = \frac{2A}{(a + c)}$

Nr. 10:

Tag 6: Balkendiagramm (Kanu 12, Raften 4, Segeln 8)

Tag 7:

rel. H.	proz.H.
0,47	47 %
0,20	20 %
0,33	33 %
1	100 %

Tag 8:

rel. H.	proz.H.
0,1	10 %
0,5	50 %
0,4	40 %
1	100 %

Tag 9: 60 €

Tag 10:
a) ≈ 60 €
b) ≈ 40 %

Nr.		Tag 11	Tag 12	Tag 13	Tag 14	Tag 15
1	💡	a) 3,5 bzw. $3\frac{1}{2}$ b) 2	a) $0,45 = \frac{9}{20}$ b) $30\% = \frac{3}{10}$ c) $75\% = 0,75$	a) 0,33 b) $\frac{5}{8}$	a) $0,12 = 12\%$ b) $0,8 = 80\%$ c) $0,55 = 55\%$	a) 101 b) 47
2		B, C	7,43 m	1535 m²	14 Kübel	a) 0,023 dm² b) 0,7 cm c) 9,1 m³
3	+− ••	$[-28 - (-12)] \cdot 5 = -80$	B	a) −7 b) 24		a) 6 b) 14 c) 160
4	%%	86 %	6 Kinder	a) 0,8 b) 1,2 c) 0,12	125 Personen	a) 16 € b) 64 €
5	a³	a) $78 - 4x$ b) $\frac{2}{3}x \cdot 1,5$	a) $6x - 12$ b) $3(5x + 3y)$	a) $15\,m^2 - 21m$ b) $3x^4 - 6x^3 + 6x^2$	$b = -2$	a) $13x + 12$ b) $8x^3 + x^2 + 6x$
6		$V = 264\ cm^3$	600 g	264 000 cm³	A	D
7	%	2,08 €	D	A, C	8,18 €	1007,50 €
8		$f = \frac{2 \cdot A}{e}$	B, C	a) $t = \frac{s}{v}$ b) $U = R \cdot I$	D	A
9		B		A = 3,06 m²	$h_c = 6$ cm	u = 27,2 cm A = 40 cm²
10		C	A – nein B – ja C – ja D – ja	a) Nein, es sind dazu keine Angaben da. b) ja, 57 %		0,3 = 30 % 0,2 = 20 % 0,5 = 50 %

Tabelle zu Nr. 9, Tag 12:

a	b
1 cm	24 cm
2 cm	12 cm
3 cm	8 cm
4 cm	6 cm

Bildnachweis

123RF.com, Hong Kong: 16.13; APA-PictureDesk GmbH, Wien: 7.15; Caro Fotoagentur GmbH, Berlin: 7.2 (Riedmiller); Dottai, Inna: 8.13; fotolia.com, New York: Titelbild (Robert Schneider), 7.11 (Johannes Netzer), 7.13 (Christa Eder), 7.16 (serkat), 7.4 (Herbert Meseritsch), 7.5 (Andreas P), 7.6 (Arnold), 7.9 (Wolfgang Berroth), 10.13 (saschi79); Griese, Dietmar, Laatzen: 14.7; INTERFOTO, München: 7.7 (Bernd Ritschel); Jahns, Rainer, Siegsdorf: 7.8; Jukon GmbH, München: 5.2, 25.2; juniors@wildlife Bildagentur GmbH, Hamburg: 26.1; Klampfer, Anita, Salzburg: 11.13, 11.15, 15.13, 22.12; Koehler, Gert: 13.1, 13.2, 28.1; LOOK-foto, München: 7.12 (Christoph Jorda); lunart Werbeagentur, Linz: Seite 8–27 (Rand-Illus); mauritius images GmbH, Mittenwald: 7.14 (go-images), 27.1 (Ludwig Mallaun); Panther Media GmbH (panthermedia.net), München: 7.3 (Uwe Walch); Picture-Alliance GmbH, Frankfurt/M.: 7.1 (Arco Images GmbH /Bernhard A.), 7.10 (dpa-Bildarchiv). Infografiken: Satz & mehr, Bad Nenndorf.

Jugend & Volk

Achleitner, Klampfer, Weikinger
ganz klar: Mathematik 3
Das Ferienheft mit Erfolgsanzeiger

© 2017, Verlag Jugend & Volk GmbH, Wien.
Alle Auflagen mit © 2017 sind nebeneinander verwendbar.
ISBN 978-3-7100-3630-9

www.westermanngruppe.at

Umschlaggestaltung: Claudia Valentin-Willecke, Frankfurt a. M.

Lektorat: DI Christoph Kottbauer, Hermi Bader

Alle Rechte vorbehalten. Jede Art der Vervielfältigung – auch auszugsweise – gesetzlich verboten. [2017 – 1.01]

Die didaktischen Stärken von
ganz klar: Mathematik 3
Das Ferienheft mit Erfolgsanzeiger

▸ Förderung des selbsttätigen, eigenverantwortlichen Lernens

▸ Festigung nachhaltigen Wissens, Reflexion der eigenen Leistung

▸ Erhebung des Wissensstandes mit Hilfe des Erfolgsanzeigers

▸ Motivierende und übersichtliche Gestaltung

▸ Clever wiederholen mit wenig Zeitaufwand!

Aus dem Inhalt

▸ Aufgabenseiten für 15 Übungseinheiten

▸ Zusätzliche Rätselseiten bieten Abwechslung und Spaß

▸ Wissensanalyse durch den Erfolgsanzeiger

▸ Umfangreiche Hilfestellungen und viele weitere Übungsaufgaben können über einen QR-Code oder einen Link (www.ganzklar.at) online abgerufen werden

▸ Eingeheftetes Lösungsheft zur Selbstkontrolle

Achleitner, Klampfer, Weikinger

ganz klar: Mathematik 3
Das Ferienheft mit Erfolgsanzeiger

ISBN 978-3-7100-3630-9

9 783710 036309

www.westermanngruppe.at

zur Ansicht

Wilhelm Schwendemann / Matthias Stahlmann

Unter Mitarbeit von Hans Jochem Haas

Ethik für das Leben

Neue Aspekte der Biomedizin
Ein Materialheft

calwer

RPE
RELIGION · PÄDAGOGIK · ETHIK